SOUVENIRS.

Par P. M. C.

JURY, ÉDITEUR.

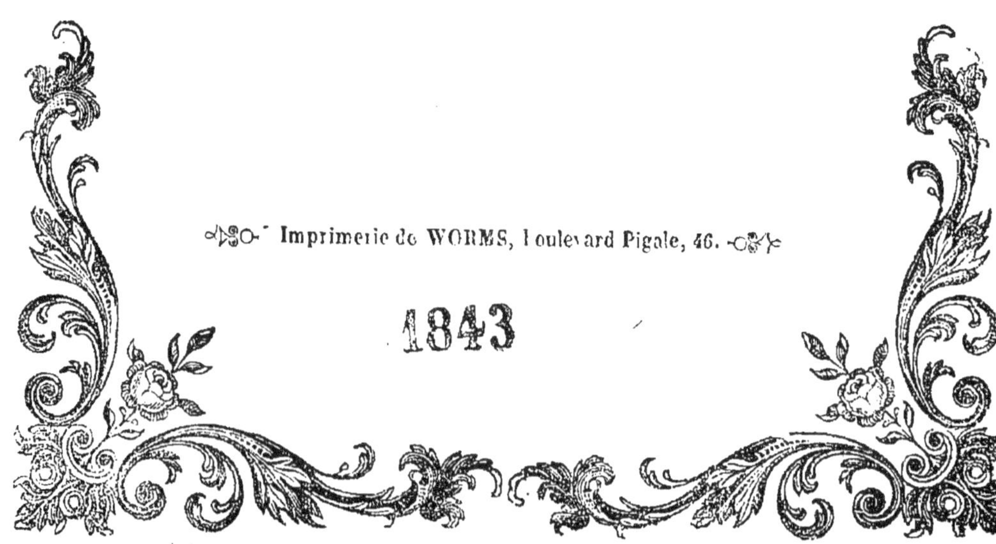

Imprimerie de WORMS, boulevard Pigale, 46.

1843

SOUVENIRS.

Lyon — 1831.

Lyon sortait d'éprouver une de ces crises dé-
plorables qui naissent toujours de l'égoïsme et
de la misère, et n'amènent pour résultats que la
misère et l'égoïsme.

Les ouvriers lyonnais, transformés tout-à-
coup en soldats de barricades, la plupart d'entre eux vêtus d'habits rapiécés et couverts de
bourre de soie, ne songeaient qu'à réprimer les
désordres causés dans les premiers moments de
fureur et de vengeance.

Un sage magistrat * les avait ralliés à son mot
d'ordre, et leur avait confié la garde de la ville;
on sait avec quel zèle ils s'en acquittèrent. On sait
quelles furent leur confiance et leur soumission,
quand on leur apprit que le roi envoyait son
fils, le duc d'Orléans, pour concilier (s'il était
possible) leurs intérêts avec ceux de leurs ad-
versaires et compatriotes. Et puis, qu'auraient-
ils fait d'une victoire dont ils étaient embar-
rassés ?

Ils avaient voulu se défendre et non conquérir;
ils avaient pris les armes pour réclamer un sa-
laire et non pour attaquer le pouvoir. Ils espé-
raient justice. Espoir de peuple, espoir déçu.

C'est avec l'appareil de la force et de la vio-
lence que le maréchal Soult veut soumettre ceux
qu'il appelle des rébelles. Le canon en tête, la
mêche allumée, il les somme avec des menaces
aussi outrageantes que ridicules, de mettre bas
les armes; ils obéissent sans murmurer, et aban-
donnent ainsi, sans avoir rien obtenu, ce qu'ils

* Paul d'Yvoi, alors préfet du Rhône, il fut destitué.

avaient acheté au péril de leur vie; je veux dire, la seule garantie de leurs droits.

Le duc d'Orléans, lui-même, fut trompé et peut être prévenu par les plaintes et les calomnies de l'aristocratie.

Et, lorsque passant en revue, sur la place de Louis-le-Grand, les troupes qui l'avaient accompagné, quelques cris injurieux parvinrent jusqu'à lui, que les chasseurs à cheval s'élançaient pour faire taire et fouler cette multitude mécontente; laissez-les, leur dit-il, ne leur faites rien, je crois que tout le tort n'est pas de leur côté.

Et des larmes roulèrent dans ses yeux. Des manifestations offensantes eurent encore lieu sous les croisées des appartements que le prince accupait. Quelqu'un lui dit, en cherchant à l'éloigner du bruit, monseigneur, croyez-moi, ils ne méritent pas l'intérêt que vous leur portez! Peut-être..... répondit-il d'une voix émue, ils ne me connaissent pas.

Le prince quitta Lyon l'esprit et le cœur peu satisfaits; il avait rempli sa mission envers le roi, il ne l'avait pas encore achevée envers le peuple.

Lyon — 1839.

Huit années s'étaient écoulées depuis cette époque fatale, Lyon se relevait lentement de cette infirmité morale, de cette détresse commerciale, dans lesquelles un second échec l'avait replongée.

Il y a des calamités publiques qui ressemblent à ces chagrins, à ces douleurs profondes que le temps seul peut adoucir.

Cependant une mutuelle confiance renaissait peu à peu chez les différentes classes de la population; elles avaient appris, par une expérience trop chère, que la dissension est incompatible avec l'amélioration sociale ; que dans la société les intérêts de tous sont liés, mus par les mêmes besoins, et ne peuvent se séparer sans se nuire les uns les autres. Elles commençaient à comprendre que le bien-être et la sûreté de chacun dépendaient du bien-être et de la sûreté de tous.

La nouvelle de l'arrivée de monseigneur le duc d'Orléans à Lyon, au retour des glorieuses campagnes d'Afrique, fut reçue avec un assentiment général.

Le prince était mieux connu.

Sa valeur et son dévouement pour la cause nationale, ses talents et ses vertus privées, cette noble sollicitude avec laquelle il tendait la main au malheur, son amour pour les arts et l'industrie qu'il protégeait, enfin ce patriotisme si beau dans un fils de roi, qui proteste contre la politique étrangère qui outrageait la France, tout cela le rendait cher à un peuple enthousiaste et généreux.

Aussi ce peuple, assemblé autour des bataillons nombreux que le prince royal passait en revue, lui préparait-il un triomphe sur cette même place, où jadis il avait été si douloureusement affligé de ne point emporter l'amour des Lyonnais.

Comme MM. les généraux et aides-de-camp s'empressaient de l'entourer, de le couvrir de leur personne en traversant la foule, restez, leur dit-il, restez en arrière, je vous prie, je n'ai rien à craindre, et il s'avança seul au milieu de ces masses joyeuses qui le saluèrent par des cris d'amour et d'allégresse.

Près de moi, un homme à cheveux blancs, et

dont le vêtement décelait plutôt l'indigence que
la fortune, tenait un papier à la main, et disait
à demi-voix : je n'oserai pas, mon Dieu, je n'oserai jamais. Pourquoi donc, lui demandai-je,
c'est sans doute une petition? — Oui : pour obte-
nir le congé de mon enfant, le seul qui me reste,
et sans lequel, hélas, je ne puis vivre; en vain
en ai-je fait la demande aux autorités; ils sont
sourds! vous faites bien, lui dis-je, de vous
adresser au duc d'Orléans, j'ai la conviction que
vous serez mieux écouté, justement le voici.....
avancez-vous hardiment. Le vieillard fait un
pas, présente d'une main tremblante sa pétition.
Le prince s'arrête, la prend et la lit.... Il y eut
un instant de sensation indécible ; tous les yeux
s'arrêtèrent sur lui avec curiosité et admiration.
C'est bien, mon ami, je vais de suite faire droit
à votre demande, dit le prince, en répondant
par un signe bienveillant aux remercîments que
balbutiait le pauvre solliciteur. Dvives et touchantes acclamations redoublèrent alors, et se
répétèrent comme d'écho en écho jusqu'aux
voix les plus éloignées.

Ah! combien son cœur dut être dédommagé !
il battait, j'en suis sûr, il battait de bonheur et
d'orgueil; oui, de cet orgueil sublime que doit
éprouver alors un souverain qui met toute sa
gloire dans l'amour de ses sujets.

Deux jours après, je me rendis à l'école de
dessin, c'était jour de vacances; mais le duc
d'Orléans avait désigné celui-ci pour visiter le
palais des Beaux-Arts. Ainsi qu'il en avait té-
moigné l'intention, il nous trouva tous à l'étude :
nous continuâmes à dessiner en silence; mais
quand j'apperçus le prince près de moi, je ne
pus me défendre d'une vive émotion. Mon

crayon tournait dans mes doigts, ma vue se troublait, je ne voyais rien. Mon trouble fut bien autre chose, lorsque se baissant il me prit la main et me dit : cessez, mon ami, vous allez gâter votre gouache, et ce serait dommage;... puis me donnant deux petits coups sur la joue il ajouta en s'éloignant : allons, allons, cela promet.

Nous étions près de cent élèves; pas un n'échappa à son bienveillant examen. Chacun eut sa part d'encouragement, et parfois même d'utiles et sages conseils.

Le séjour du prince royal à Lyon fut moins long qu'il ne se l'était proposé. Des ordres imprévus le rappelèrent à Paris; mais il ne voulut pas quitter notre ville sans en connaître par lui-même la position commerciale, les besoins, et tout ce qui pouvait contribuer à sa prospérité. Il visita les principaux établissements, les manufactures, les institutions, où l'on admira tour-à-tour son jugement et ses connaissances, l'érudition jointe aux grâces du langage qui animait tous ses discous, et le charme de cette âme expansive* qui lui gagnait tous les cœurs.

---

* Cette expression n'est point exagérée; nous citerons pour appui la touchante épisode d'Afrique, racontée par A. Dumas dans le *Siècle* du 15 novembre, la voici:

C'était sur les bords de la Chiffa, la veille du jour fixé pour le passage du col de Mouzaïa. Il y avait un engagement acharné entre nous et les Arabes. Le prince royal avait successivement envoyé plusieurs aides-de-camp porter des ordres; un nouvel ordre devenait urgent par cela même que le combat devenait plus terrible; il se retourna vers son état-major et demanda quel était celui dont le tour était venu de marcher.

Mais ce fut principalement dans les hôpitaux, ce fut dans les asiles de misère, de souffrance et de charité, qu'éclata la magnificence de ses bienfaits. Ses dons étaient des trésors de vie et de soulagement, ses paroles de touchantes consolations. La vertu seule pouvait ainsi rapprocher du lit infect de l'agonisant celui que la gloire et le trône attendaient.

Il partit en nous assurant qu'il reviendrait dans nos murs s'occuper de nos intérêts et de notre bonheur.

Encore une espérance trompée, Lyon ne devait plus le revoir.

Paris — 1841.

J'avais quitté la province pour me chercher un gîte, un coin de travailleur, au sein de cette fameuse capitale, où tout afflue et se centralise, où tout se perfectionne, se caractérise et prend de l'extension : le génie, la main-d'œuvre, l'art d'exploiter, la ruse, les vices, la fripponnerie...

— Moi, répondit le duc d'Aumale en s'avançant.

Le prince jeta un coup d'œil sur le champ de bataille : il vit à quel danger il allait exposer son frère. A cette époque, qu'on se le rappelle, le duc d'Aumale avait dix-huit ans à peine ; homme par le cœur, c'était un enfant par l'âge.

Le duc d'Aumale partit au galop, s'enfonça dans la fumée et disparut au milieu de la bataille.

Le duc d'Orléans l'avait suivi des yeux, tant que ses yeux avaient pu le suivre, puis il était resté le regard fixé sur l'endroit où il avait cessé de le voir.

mais que m'importait encore, c'était Paris artis-
tique et monumental que j'étais venu connaître.

Un jour je m'étais éloigné dans la campagne ;
je crois aux environs de Plessis; les vents d'au-
tomne balayaient les chemins et les champs, et
chassaient devant eux les feuilles sèches qui
pleuvaient des arbres à demi-dépouillés; les der-
nières fleurs de l'année se recourbaient vers la
terre, les rayons du soleil pâlissaient dans les
vapeurs de l'atmosphère et jetaient un sourire
d'adieu sur ce sol où l'hiver allait bientôt éten-
dre son lit de glace et de neige.

Au bout d'un instant un cheval sans cava-
lier reparut. Le duc d'Orléans se sentit frémir
des pieds à la tête; ce cheval était du même poil
que celui du duc d'Aumale.

Une idée terrible lui traversa l'esprit : c'est
que son frère était tué, et tué en portant un
ordre donné par lui !

Il se cramponna à sa selle, tandis que deux
grosses larmes jaillissaient de ses yeux et rou-
laient sur ses joues.

— Monseigneur, dit une voix à son oreille, il
a une chabraque rouge !

Le duc d'Orléans respira à pleine poitrine. Le
cheval du duc d'Aumale avait une chabraque
bleue.

Il se retourna et jeta ses bras au cou de celui
qui l'avait si bien compris. Le duc d'Orléans me
le nomma alors. J'ai oublié son nom. C'est un
de ses aides-de-camp, je le sais bien, ou Bertin de
Vaux, ou Chabot-Latour, ou d'Elchingen.

Dix minutes après le duc d'Aumale, sain et
sauf, après s'être acquitté de son message avec
le courage et le calme d'un vieux soldat, était de
retour près de son frère.

Je m'étais assis sur un petit monticule pour goûter à loisir le charme de ce spectacle de la nature, de ce miroir magique où se réfléchit toute la destinée de l'homme.

A quelque distance, en face de moi, un groupe de masures coupé d'arches et de rochers, formait un site vraiment pittoresque ; j'ouvris mon album, et j'essayai d'en lever un croquis, tout-à-coup j'entends du bruit derrière moi, je me retourne et je vois un chasseur qui, quoique chargé de gibier et d'un lourd accoutrement, gravissait avec agilité parmi les pierres et les buissons. Arrivé au sommet où j'étais placé, il pose son fusil et s'essuye le front. Je reconnais le duc d'Orléans, je me lève. Excusez-moi, me dit-il, je vous ai dérangé. Puis, après avoir jeté un coup d'œil autour de lui, il descendit quelques pas, prit un petit sentier à droite, et je le perdis de vue.

J'avais l'esprit distrait, je fermai mon album et me mis à errer çà et là pensant à cette subite entrevue, aux petits soufflets que le prince m'avait donnés ;... je ne l'avais pas vu depuis.

A l'extrémité d'une terre que je longeais était une ferme isolée devant laquelle s'assemblaient quelques paysans ; je crus y distinguer aussi le costume sous lequel je venais de voir le prince ; je m'avançai, je ne m'étais pas trompé ; c'était lui, lui qui vidait pour eux sa gibecière, et leur disait : j'ai fait une chasse heureuse, je veux vous en faire part.

Bon prince ! il était content de sa chasse parce qu'il pouvait davantage donner !

Et les pauvres gens de répéter à leur tour :

— Merci bien, Monsieur.

— Oh ! merci bien.

— Ce sont de bonnes et belles grives, ma foi...
mais vous ne gardez rien pour vous.

— Ce n'est pas mon intention. Tenez encore...

— Vous êtes bien honnête.... pourrions-nous
vous offrir quelque chose.

— Non, mes amis, pas aujourd'hui.

—Sans façon.

— Je ne le puis en ce moment.... tenez, voici
pour la cuisinière, ajouta-t-il en donnant une
pièce d'or à une jeune femme assise vers la porte
et qui allaitait un enfant. A ce dernier don ils se
regardent avec surprise et restent tout ébahis.

Je ne pus me contenir davantage.

He quoi! leur dis-je, ignorez-vous donc que
vous parlez à monseigneur le duc d'Orléans ?

Et vous, monsieur le délateur, fit le prince en
se tournant vers moi, qui vous le demande ?

Ah! monseigneur, répondis-je un peu confus
de ma sottise, que votre altesse daigne me le
pardonner.

Je le veux bien, pour cette fois seulement,
reprit-il avec ce charmant sourire qui peignait
toute son âme.

Plusieurs chasseurs, qui le cherchaient sans
doute, arrivèrent en ce moment. Le prince prit
avec eux le chemin de Versailles, non sans être
salué par les cris des bons paysans, dont le nom-
bre avait grossi, et qui le bénissaient de tout leur
cœur.

La nuit tombait, je dirigeai mes pas du côté
de Paris. La voix du prince résonnait toujours à mon oreille. Celui qui m'eût dit alors,
que je venais de l'entendre pour la dernière fois,
m'eût semblé un monstre.

Et pourtant il m'aurait dit vrai !

Paris — 1842.

J'étais monté sur la terrasse aérienne qui couronne l'arc de triomphe de l'Etoile. La vue dont on y jouit me charmait, sans cependant suffire à ma curiosité ; quoique embrassant une vaste étendue, mes regards étaient bornés et mes pensées allaient se heurter à la brume de l'horizon, j'aurais voulu en reculer les limites.

Alors, je ramenais mes yeux sur cet immense panorama de maisons, dans lequel un million d'hommes fourmillent, s'agitent, rient et pleurent, se succèdent dans la vie, et forment une chaîne qui passe à travers les siècles.... Plus loin, au-delà de ce génie d'or qui monte vers le ciel, un autre peuple repose sous la terre.

Je me surpris à rêver, je descendis.

Depuis quelques instants, je me promenais dans la belle avenue de Neuilly; un bruit de voiture se fait entendre, c'était celle du duc d'Orléans; mon cœur me l'avait dit avant mes yeux. Je me découvris, le prince fit un mouvement que j'aperçus à peine, mais je me laissai aller au plaisir de croire qu'il me rendait mon salut.

Immobile et content, je fixais toujours sa voiture qui s'éloignait avec une rapidité extraordinaire. Elle disparut bientôt dans un chemin de traverse.

C'était le chemin de la Révolte... Et je ne volai sur ses traces, me pendre aux harnais de ses chevaux emportés; leur servir de frain, les forcer à s'abattre s'il eut été possible !

Je ne crois pas au pressentiment.

Ce ne fut que le soir de la même journée que j'appris le malheur qui venait de frapper le roi, sa famille et la France.

Le prince royal est mort ! ! !

Ces paroles qu'on lisait sur tous les fronts, que l'on entendait gémir sans cesse autour de soi, avaient jeté la ville dans une sorte de stupeur, de crainte, dans un découragement difficile à décrire : mais aussi dans ces paroles, que de cruelles déceptions, que de larmes, de cris de détresse ! C'est le glas de tout un royaume !

La mulâtre et gothique Cathédrale se pare des insignes de la mort, ses vieilles tours dentelées portent dans les airs les oriflammes d'une gloire infortunée ; sa nef se change en un vaste sélpucre, les feux vascillants des milliers de bougies qui l'éclairent, les noirs candelabres, les lampes se balançant autour du haut cénotaphe qui porte le corps du royal défunt, en font un lieu qui n'est plus de ce monde, un lieu qui vous initie aux mystères de la tombe.

Mais que sont ces obsèques brillantes, cet appareil pompeux, qui n'attestent que le rang et la richesse ? bien peu de choses, selon moi. Ce qui m'a touché et saisi le cœur c'est la présence de tout un peuple, muet et attéré, qui assistait, dans une étendue de deux lieues, au lugubre et silencieux cortége.

C'était une planche de sauvetage qui lui échappait.

DREUX.

Parlerai-je de mon excursion à Dreux ? C'est peut-être bien puéril ; c'est de moi seul que j'ai à parler. Ignoré et perdu dans la foule, je ne pouvais être admis dans le dernier sanctuaire de la mort. Je ne le profanerai point.

Ce récit appartenait de droit à celui qui pouvait se dire, en face de la postérité, l'ami, le confident du princeet le dispensateur des bienfaits de la reine.

Je me tairai donc.

Je dirai seulement de quelle impression pénible, de quelles souffrances morales, l'aspect de ces saintes et terribles cérémonies avait rempli mes pensées.

Après avoir suivi le convoi jusqu'au bas de la montagne, au sommet de laquelle on aperçoit l'entrée du caveau, je retournai m'enfermer dans une petite chambre que j'avais obtenue avec peine à l'hôtel du Saumon. J'entendais encore le roulement funèbre du tambour, je voyais le peuple de Dreux et des campagnes environnantes onduler dans les rues, semblable à une mer houleuse et sombre qu'effleure la tempête.

Moi aussi, je regardais ce télégraphe qui portait à une mère éplorée des paroles intimes, des détails à la fois déchirants et bien précieux. Je comptais, en applaudissant à leurs mouvements rapides, ces signes par lesquels cette mère auguste s'unissait encore aux dépouilles de son fils bien aimé, et l'accompagnait jusque dans la demeure du silence éternel.

Penché sur une des persiennes de ma croisée, j'abandonnais mon âme à tout ce qu'il y avait de tristesse et d'attrait dans la secrète impulsion qui m'avait attiré vers ces lieux. Je rappelais dans ma mémoire Lyon, Plessis, le chemin de la Révolte, et mes yeux s'emplirent de larmes,... que je cachai à tout le monde.

Ma douleur n'eut-elle pas paru une folie? Qui pouvait la causer? Enfant du peuple, je n'avais pas eu l'honneur d'être connu du prince, et je ne lui devais rien.

Je l'aimais !

Sur toi , prince chéri , la France chaque jour
Attachait des regards d'espérance et d'amour !
Elle attendait ta gloire en échange d'un trône ;
Et pour ton noble front , du sein de ses revers
     Elle tressait de l'univers
     La plus belle couronne !

Et moi , timide enfant, par la foule emporté ,
Je bégayais tout bas : espoir et liberté !
A ma lyre de pauvre , à ma lyre chérie
J'attachais des festons de rubans et de fleurs,
     Et je disais à tous les cœurs :
     Chantons pour ma patrie.

Oui : je voulais chanter. Un peuple valeureux,
Pour fêter le retour de ses jours glorieux ,
Préparait des lauriers et des concerts de fêtes.
Oui : je voulais chanter, ô douloureux regrets ,
     De crêpes noirs et de cyprès
     Il faut parer nos têtes.

Plus prompte que la foudre, une invisible main
Vient frapper sur son char un fils de souverain,
Et répandre sur nous de sinistres ténèbres :
Un beffroi de douleur retentit jusqu'aux cieux ,
     Et change nos accords joyeux
     En des hymnes funèbres.

C'en est donc fait , la mort ne se rétracte pas !
C'est un ciel qui s'éteint dans la nuit du trépas,
C'est une destinée, un avenir qui tombe...
Aussi, dans sa douleur oubliant sa fierté,
     Voyez tout un peuple attristé
     Pleurer sur une tombe !

A ces cris de détresse, à ces regrets touchants,
Je veux aussi mêler le tribut de mes chants;
Mais que dirai-je, hélas! quand ma muse en délire
Succombe en bénissant les cendres d'un héros!
Ma voix ne trouve plus d'échos
Et j'ai brisé ma lyre!